Jon Warnes
Mit Weiden bauen

Mit Weiden bauen

Jon Warnes

antis
im ökobuch Verlag
Staufen bei Freiburg

Die Anwendungsempfehlungen und Konstruktionsbeispiele in diesem Buch wurden nach bestem Wissen zusammengestellt. Für die praktische Umsetzung lassen sich daraus jedoch keine Haftungsansprüche gegenüber Autor oder Verlag ableiten.

Die Deutsche Bibliothek – CIP Einheitsaufnahme

Mit Weiden bauen: Anleitungen für Zäune, Laubengänge, Wigwams, Sitzplätze und grüne Kuppeln / Jon Warnes. Übers.: Eckard Teichert. - 1. Aufl. - Staufen bei Freiburg: ökobuch-Verlag, 2001
Einheitssacht.: Living willow sculpture <dt.>
ISBN 978-3-922964-85-8

Die englische Originalausgabe erschien im Jahr 2000 bei
Search Press Ltd., Tunbridge Wells, Kent unter dem Titel:
Living Willow Sculpture

Text copyright © : Jon Warnes 2000
Design copyright © : Search Press Ltd. 2000

Alle Rechte vorbehalten. Jede Art der Wiedergabe von Texten, Bildern, Photos oder Illustrationen aus diesem Buch und die Verbreitung durch Druck, elektronische, fotomechanische oder sonstige Wiedergabe, aber auch die Verwendung im Internet, sowie die Verbreitung durch Funk oder Fernsehen bedürfen der schriftlichen Zustimmung des Verlages und des Copyright-Inhabers.

1. Auflage 2001
9. Auflage 2018
Alle Rechte der deutschsprachigen Ausgabe bei
© ökobuch Verlag, Staufen bei Freiburg
www.oekobuch.de

Übersetzung: Eckard Teichert, Staufen
Satz: Uwe Stohrer, Freiburg
Druck: Beltz Bad Langensalza GmbH, Bad Langensalza

Inhalt

Einführung 7
Werkzeug und Zubehör 8
Der Werkstoff 11
Das Arbeiten mit Weide 12
    Lagern von geschnittenen Ruten 12
    Pflanzen 13
    Flechten 14
    Verbinden 17
    Zurückschneiden 18

Wigwams und Kuppelbauten 20
Tunnel 26
Zäune 29
Sitze 34
    Geflochtene Sitze 34
    Genagelte Stühle 39
    Stühle aus gebogenem Holz 42
    Varianten 46

Lauben und Gartenhütten 49
Galerie 53
Schlussbetrachtung 56

Einführung

Es ist spannend, aus Weiden lebende und nichtlebende Bauten zu gestalten. Die meisten Weidenarten sind robust, wachsen schnell (kein anderer Baum regeneriert sich so schnell), sie vertragen feuchte Böden, sind biegsam und leicht zu verarbeiten. Durch ihre große Vielfalt an Blattformen und Rindenfarben sehen sie das ganze Jahr über attraktiv aus.

Die Weide ist durch die Jahrhunderte hindurch vielfältig genutzt worden. Einige der traditionelleren Anwendungen werden später im Buch aufgeführt.

Heute findet der Mensch immer neue Nutzungsmöglichkeiten für die Weide. In Holland wird sie in großem Maße eingesetzt, um Polder vor Bodenerosion zu schützen, und um in großen Häfen den Meeresboden zu stabilisieren. Eine ähnliche Technik wird auch zur Stabilisierung von Berghängen benutzt, um Bergrutsche zu verhindern. Auf dem europäischen Kontinent pflanzt man entlang von Autobahnen lebende Lärm-schutzwände aus Weiden, die nicht nur den Lärm und die Verschmutzung vermindern, sondern auch schön aussehen. Diese Wände, auch „Heckenzaun" genannt, bestehen gewöhnlich aus einem doppelten geflochtenen Zaun, der teilweise mit Erde angefüllt ist.

Sowohl lebende als auch nichtlebende Weide findet bei Künstlern zunehmend Gefallen als Werkstoff für Skulpturen. Einer von ihnen, Stefan Jennings, ist für seine riesigen Weidenskulpturen bekannt, die er dann in einer Zeremonie verbrennt.

Die Arbeit mit Weide ist umweltfreundlich. Der Kreislauf von Wachstum - Ernte - weiteres Wachstum sorgt für eine sich ständig erneuernde Quelle von Ruten für neue Bauten. Man könnte versuchen, im eigenen Garten ein paar unterschiedliche Arten zu pflanzen, die einerseits Ruten liefern, andererseits ermöglichen, dass man mehr über die verschiedenen Arten lernt.

Dieses Buch zeigt Ihnen, wie Sie verschiedene Bauten herstellen können, vom einfachen Wigwam bis zur kunstvollen Gartenlaube. Es zeigt auch eine Sammlung von Werken verschiedener Weidenbauer, die vielleicht Anregungen für eigenes Gestalten vermitteln. Das Wichtigste ist: Anfangen und aus den Fehlern lernen.

1 ◄
Dieses Gartenhäuschen in einer Wildblumenwiese wurde von Stephanie Bunn entworfen und im Botanischen Garden von Worden, England, errichtet. Es ähnelt dem, dessen Bauphasen die Abb. 93 bis 98 zeigen.

Werkzeug und Zubehör

In Skandinavien laufen Untersuchungen zur Anpflanzung von Weiden, deren Holz (Biomasse) als Brennstoff in Kraftwerken genutzt wird. Strom wird auf diese Art bereits gewonnen, die Anpflanzung von Weiden hat den Vorteil, dass dadurch ein Teil des Kohlendioxids wieder absorbiert wird, das beim Verbrennen des Holzes entsteht.

Werkzeuge und Zubehörteile, die für die Projekte in diesem Buch gebraucht werden, sind größtenteils in Baumärkten, Gartencentern und Fachgeschäften erhältlich. Die meisten sind gängige Gartenwerkzeuge, so dass Sie vielleicht vieles davon schon besitzen.

Verschiedene Werkzeuge werden zum Schneiden der lebenden Weiden benötigt: Benutzen Sie eine **Gartenschere** zum Abschneiden von lebenden Weidenruten. Zweischneidige Gartenscheren liefern einen saubereren Schnitt als Ambossscheren. Ein **Gartenmesser** ist nützlich zum Abschneiden von jungen Trieben und von Schnur. Eine **Astschere** mit langen Griffen dient zum Schneiden von dickeren Ruten; hier sind Ambossscheren für die schwere Arbeit am besten, sie ergeben jedoch nicht so einen sauberen Schnitt wie zweischneidige Scheren. Benutzen Sie eine **Bügelsäge** oder eine **Astsäge** zum Absägen besonders dicker Ruten.

Wenn Sie dünne Ruten in harten Boden pflanzen wollen, machen Sie vorher ein tiefes Loch mit einem **Pfahleisen** und einem **Fäustel** (oder mit einer Setzstange). Ein schmaler Spaten ist nützlich, wenn Sie dicke Ruten pflanzen.

Mit **Gartenschnur**, **Zwirn** oder mit **Jutegarn** lassen sich die Ruten zusammenbinden, um dem Bau Stabilität und Form zu verleihen.

Eine andere Möglichkeit sind **dünne, biegsame Weidenruten** - dies ist eine attraktivere und ursprünglichere Methode, um Weidenhölzer zusammenzubinden.

Wasserdurchlässige **Mulchfolie**, die in Bögen oder in Rollen erhältlich ist, hilft das Wachstum von Gras und Unkraut um einen neugepflanzten Bau herum zu unterdrücken. Als Alternative könnte man alte Teppichstücke, Pappkarton oder Rindenmulch verwenden.

Ich benutze manchmal auch eine **Bohrmaschine**, einen **Hammer** und **Nägel**, um Gerüste zusammenzuzimmern. Ein leichter Akkubohrer ist ideal - er ist tragbar, und man kommt mit keinem Kabel ins Gehege. Ich benutze 1,5 bis 4 mm starke **Bohrer**. Scharfe Bohrer erleichtern das Bohren, und der Akku hält länger. Die Nägel müssen so lang sein, dass sie einen Stock ganz durchbohren und noch zwei Drittel des nächsten. Benutzen Sie verzinkte Nägel, die rosten nicht. Spanplattenschrauben mit Schaft sind eine sehr gute andere Möglichkeit.

Einige weitere Dinge erleichtern die Arbeit: Eine Klappbank ist nützlich, wenn man Gerüste anfertigt, aber das geht auch mit jeder anderen ebenen Arbeitsfläche. Ein zusammenklappbares **Metermaß** oder ein Stock mit Markierungen sind günstiger als ein Bandmaß, wenn man Ruten steckt. Benutzen Sie **Kreide** für Markierungen, weil sie leicht wieder zu entfernen ist. Mit grobkörnigem **Schmirgelpapier** oder mit einem scharfen **Messer** können Sie die Enden von Weidengerüsten abrunden.

1. Mulchfolie
2. Bügelsäge
3. Astschere (mit Ambossschneide)
4. Pfahleisen oder Setzstange
5. Spaten
6. Hammer
7. Fäustel
8. Zusammenklappbares Gartenmesser
9. Verzinkte Nägel
10. Akku-Bohrmaschine und Bohrer
11. Astsäge
12. (Zweischneidige) Gartenschere
13. Metermaß
14. Kreide
15. Messer
16. Zwirn
17. Grobkörniges Schmirgelpapier

3 ➤

Selbstgefertigtes „Schneidebrett". Mit einem Schneidebrett und einem Messer kann man schnell und leicht Schnurstücke gleicher Länge abschneiden. Man wickelt die Schnur um ein kurzes Stück Fußbodenbrett mit Nut, dann schneidet man mit einem scharfen Messer entlang der Nut die Schnur durch.

Der Werkstoff

Es gibt mehrere hundert Arten der Weidenfamilie (*genus Salix*). Die Farbe der Rinde reicht von hellgelb bis dunkellila, und sie ist am kräftigsten an frischem, einjährigen Holz. Mit zunehmendem Alter verblasst die Farbe, aber wenn man die Weiden kräftig zurückschneidet, wird neues Wachstum gefördert und damit Farbe. Pflanzen, die direkt in der Sonne stehen, haben meistens die hellsten Farben, aber die Bodenart und die Wetterbedingungen spielen auch eine Rolle. Im Allgemeinen ist die Rindenfarbe von Hybriden nicht so interessant wie die von ursprünglichen Arten. Die Blattfarbe und Blattform unterscheiden sich ebenfalls von Art zu Art.

Es ist am leichtesten, Weidenruten zu bekommen, wenn Sie einen Spezialisten bei der Hand haben, bei dem Sie sie bündelweise kaufen können. Es lohnt sich auch, sich an einen Korbmacher in Ihrer Nähe zu wenden, diese bauen manchmal selbst Weiden an. Wenn Sie Ruten in der Natur schneiden wollen, ist es ratsam, sich die Erlaubnis dazu geben zu lassen. Manchmal können Sie auch bei Naturschutzverbänden weitere Quellen erfahren.

Weide wurzelt jedoch leicht, und es ist sehr einfach, eigene Pflanzen zu ziehen. Man kann sie aus 30 cm langen Stecklingen vermehren. In manchen Baumschulen kann man auch Pflanzen bekommen, die schon Wurzeln gebildet haben. Einige Weidenarten sind anfällig für Rost und andere Pflanzenkrankheiten, deshalb sollten Sie sich von einem örtlichen Weidenanbauer beraten lassen, welche Arten in Ihrer Gegend gut gedeihen. Das Wachstumstempo ist sehr unterschiedlich - von Zwergarten bis zu sehr raschwüchsigen Hybriden, die jährlich 3 - 4 m wachsen. Denken Sie daran, dass kräftige Pflanzen gut gepflegt werden müssen, damit sie nicht verwildern.

Weiden werden gewöhnlich im Spätherbst geschnitten, wenn die Blätter abgefallen sind und die meiste Energie in den Ruten für das neue Wachstum gespeichert ist. Man kann bis zum zeitigen Frühjahr schneiden, aber es ist am besten, wenn die Pflanze noch schläft, d.h. bevor die Knospen anschwellen. Traditionell werden die Ruten ganz bis zum Kopf der Weide zurückgeschnitten, um dann im folgenden Frühjahr wieder nachzuwachsen. Dieser Erntezyklus ist seit vielen Jahrhunderten Brauch. Nach dem Schneiden ist es sehr wichtig, dass die Ruten nicht austrocknen, deshalb müssen sie in Wasser stehend gelagert werden (siehe Abb. 8).

Für die verschiedenen Teile eines Bauwerks verwende ich Weidenruten unterschiedlichen Alters. Einjährige Ruten eignen sich für feine Arbeiten wie das Flechten. Zweijährige Ruten sind nicht so biegsam, aber sie sind gut als Schrägstreben bei Zäunen oder Gartenlauben zu gebrauchen. Dreijähriges Material ist verwendbar als Staken bzw. Stützpfeiler bei hohen Bauwerken.

4 ◄
Frisch geschnittene Weidenruten und Haselstecken mit unterschiedlichen Rindenfarben.

5 ▲
*Gelbholzige Silberweide (*Salix alba britzensis*)*

6 ▲
*Hanfweide oder Korbweide (*Salix viminalis*)*

Bei manchen Projekten braucht man auch eine Reihe von besonders dicken Ruten oder Stangen, um daraus das nichtlebende Gerüst herzustellen. Mit Hasel- oder Kastanienstangen lässt sich gut arbeiten, aber Sie können auch jede andere Holzart verwenden, die in Ihrer Gegend zu bekommen ist.

Das Arbeiten mit Weide

Spitze

Rücken

Bauch

Seitenzweige

Unteres Ende

7
Frisch geschnittene Weidenruten sind sehr geschmeidig und können in schwungvolle Kurven gebogen werden. Enge Biegungen oder Knicke blockieren jedoch den Saftfluss, so daß die Rute von dieser Stelle an abstirbt.

Es empfiehlt sich, im Frühherbst mit der Planung zu beginnen, wenn Sie vorhaben, mit Weiden zu bauen. Weidenruten kann man vom Spätherbst bis in das zeitige Frühjahr hinein pflanzen, aber am besten pflanzt man sie so früh wie möglich, so dass sich Wurzeln bilden können, bevor die Rute auszutreiben beginnt.

Zwei wichtige Faktoren gilt es zu beachten, wenn Sie einen Standort für Ihr Bauwerk suchen. Weidenwurzeln streben von Natur aus nach Wasser, deshalb müssen sie in ausreichender Entfernung von in der Erde verlegten Dränsystemen gepflanzt werden. Die Rinde ist am hellsten, wenn die Pflanzen in vollem Sonnenlicht wachsen. Zwar verträgt die Weide leichten Schatten, wächst aber nicht gut in vollem Schatten und fängt irgendwann an zu verkümmern. Versuchen Sie sich also den Schatten vorzustellen, den die benachbarten Bäume im Sommer werfen werden.

Sie müssen auch bedenken, dass die Form Ihrer Bauwerke sich mit dem Wachstum verändert - Sie können sie entweder wild wachsen lassen oder im Herbst zurückschneiden.

Das Lagern von geschnittenen Ruten

Vermeiden Sie, Ihre Weidenruten zu lang im Voraus zu erwerben bzw. zu schneiden, da der beste Aufbewahrungsort ungeschnitten auf der Pflanze ist. Geschnittene Ruten müssen feucht gehalten werden, um das Austrocknen zu verhindern. Für den Transport wickelt man sie am besten in ein feuchtes Tuch. Bis zum Pflanzen werden die Ruten dann an einem schattigen Ort aufbewahrt, wobei das untere (dicke) Ende in Regenwasser stehen sollte. Es ist ratsam, die Weidenruten zu beschriften, damit man die verschiedenen Sorten auseinanderhalten kann.

Das Pflanzen

Weiden passen sich gut den verschiedenen Bodentypen an. Die meisten Sorten ziehen feuchte Böden vor, aber einige, besonders die mit kleineren, schmaleren Blättern, wie die Reifweide (*Salix daphnoides*), gedeihen besser auf trockeneren Böden. Keine Art verträgt jedoch ständige Staunässe oder extreme Trockenheit. Wenn man in einer trockenen Umgebung pflanzt, ist es vielleicht möglich, ein Bewässerungssystem, z.B. einen Sprinkler-

8
Man lagert geschnittene Ruten am besten in Regenwasser stehend, möglichst im Schatten. Ich benutze einen alten Plastiktrog, aber ein Eimer reicht für eine kleinere Menge Ruten.

9
Wenn der Boden weich genug ist, lassen sich dünne Ruten einfach durch die Mulchfolie in die Erde stecken. Wenn man das untere Ende der Rute durch einen Schrägschnitt anspitzt, dringt sie leichter ein.

10
Ist die Erde hart, rammt man mit einer Setzstange (oder einem Pfahleisen mit Fäustel) ein Pflanzloch in den Boden. Auch hier kann man die Rute direkt durch die Mulchfolie stecken.

11 ▶
Dicke Ruten muss man einpflanzen. Mit einem schmalen Spaten wird ein Loch gegraben und der Boden aufgelockert, bis man die Ruten tief genug hineinstecken kann. Wenn man mehrere Ruten in einer Reihe pflanzen will, zum Beispiel für einen Wigwam oder einen Zaun, macht man am besten einen Pflanzgraben.

12 ▶▶
Mulchen vermindert das Aufkommen von Unkraut und hält den Boden feucht. Rindenmulch ist eine gute Alternative zu einer Mulchfolie, man braucht dann aber eine recht dicke Schicht. Hier wurden Rindenstücke auf Teppichboden aufgebracht.

schlauch zu installieren, und immer ist es empfehlenswert, wasserspeichernden Kompost einzuarbeiten.

Ist die Pflanzstelle trocken und hart, wässern Sie mehrere Tage vor dem Pflanzen - es pflanzt sich viel leichter in weichem Boden. Stecken Sie immer das dicke Ende der Rute in die Erde. Kurze Stecklinge werden mindestens 20 cm tief eingepflanzt, wobei mehrere Knospen herausschauen sollten, die dann austreiben können. Lange Ruten werden je nach Dicke 30 - 45 cm tief eingepflanzt. Allgemein gilt, je trockener der Boden ist, desto tiefer sollte die Rute gesteckt werden.

Es ist wichtig, das Wachstum von Gras und Unkraut um einen neugepflanzten Bau herum zu verhindern. Mulchfolien sind zu diesem Zweck ideal, aber alter Teppichboden (ohne Schaumstoffrücken), Zeitungen, Pappkarton, Rindenstücke oder Stroh sind ebenfalls brauchbar. Der Mulch sollte eine Fläche von mindestens 50 cm um den Bau abdecken. Wird Mulchfolie benutzt, so muss diese im Boden verankert werden, damit sie nicht weggeweht wird.

Das Flechten

Durch Flechten kann eine Struktur verstärkt, und Öffnungen verschlossen werden, als Schmuck oder zum Schutz. Es ist zu beachten, dass Flechtruten nur wachsen, wenn ihre unteren Enden in das Erdreich gepflanzt werden.

Die Flechtbarkeit von Weide ist von Art zu Art sehr unterschiedlich. Manche Hybriden sind zu brüchig zum Flechten, aber viele Arten sind sehr geschmeidig und können in geschwungene Kurven gebogen werden. Beim Flechten sollten Sie darauf achten, dass die Ruten keinen Knick bekommen, denn ein sol-

Weide wird seit alters her zum Flechten verwendet – Techniken zum Korbflechten wurden schon bei den Alten Ägyptern erwähnt. Die gewerbliche Korbmacherei blühte während der Industriellen Revolution auf, was weit verbreitete Weidenanpflanzungen zur Folge hatte. Die Einführung von Pappkarton bedeutete den Niedergang dieses Wirtschaftszweigs.

13
Ein Weidenzaun wird auf einem Schulgelände gepflanzt. Die dicken senkrechten Stangen sorgen für Stabilität, und die Schrägstreben, die gitterartig verflochten und verbunden sind, werden neue Triebe bilden. Wenn der Zaun fertig ist, werden die oberen Enden auf gleiche Höhe zurückgeschnitten.

cher Schaden hat meistens ein Absterben der Rute zur Folge. Bei manchen Arbeiten, z.B. bei dem geflochtenen Sitz (Abb. 58 bis 72), ist es erforderlich, die Weidenruten in einem scharfen Bogen zu biegen, aber wenn man dabei sehr sorgfältig vorgeht, müsste die Rute am Leben bleiben.

Es gibt keine festen Regeln, welche Techniken sich für das Flechten von Weiden am besten eignen – meiner Ansicht nach ist jede Technik brauchbar, die ihren Zweck erfüllt. Die einfachste Technik bei lebenden Weiden ist das freie Flechten, wobei die Ruten jeweils dort eingeflochten werden, wo es am besten passt.

Die Abb. 14 bis 17 zeigen einige einfache Flechtarten, die Sie bei Ihren Bauten verwenden können. Normalerweise müssen die Flechtruten dünner als die Staken sein, weil die sich sonst verbiegen. Sie können aber mehrere dünne Ruten bündeln, wenn Sie ein dickeres Geflecht erhalten möchten.

14 Gittergeflecht ▶

Dies ist das beste regelmäßige Geflecht für lebende Bauten. Wenn die Ruten schräg eingepflanzt werden, neigen sie eher dazu, auf der ganzen Länge auszutreiben, während senkrecht gepflanzte Ruten vermehrt an der Spitze austreiben. Diese offene Flechtart enthält viele Lücken, in die dann der neue Wuchs eingeflochten werden kann. Die Struktur kann noch zusätzlich verstärkt werden, indem man die Kreuzungspunkte zusammenbindet.

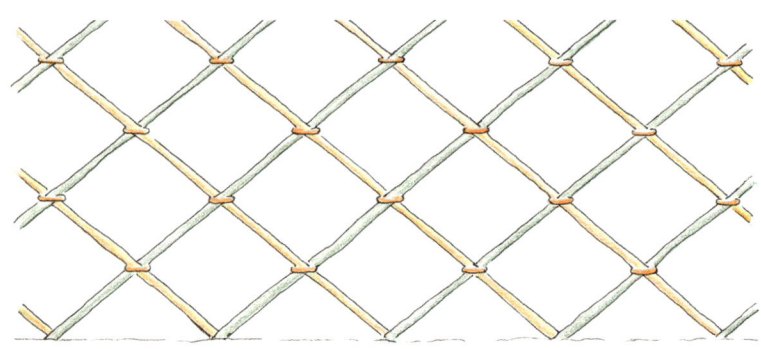

15 Das Zäunen ◀

Diese einfache Flechtart ist dazu geeignet, große Flächen schnell auszufüllen. Dünne Flechtruten werden entlang von eng stehenden Staken ein- und ausgeflochten, wobei jede darauffolgende Rute die Richtung wechselt. Wenn man die Ruten regelmäßig festklopft, entsteht ein festes Geflecht. Neue Ruten werden Ende an Ende bzw. Spitze an Spitze angesetzt. Durch das Einflechten von unterschiedlichen Sorten entstehen verschiedene Farbbänder (siehe auch Abb. 63). Man kann Ruten auch gebündelt einflechten, um andere interessante Muster zu schaffen.

16 Das Fitzen ▲

Bei dieser sehr robusten Flechtart werden immer zwei Flechtruten zusammen benutzt, die jedesmal überkreuzt werden, nachdem sie an einem Staken vorbeigeführt wurden. Das Fitzen eignet sich sehr gut zum Fixieren der Staken.

17 Die Dreierkimme ▼

Bei dieser ebenfalls sehr robusten Flechtart werden drei Ruten einzeln jeweils vor zwei Staken und dann hinter dem dritten vorbeigeführt. Sie ist besonders nützlich bei großen Bauten, wo sie die senkrechten Stangen unten fixiert. Diese Skizze zeigt das Flechten von links nach rechts.

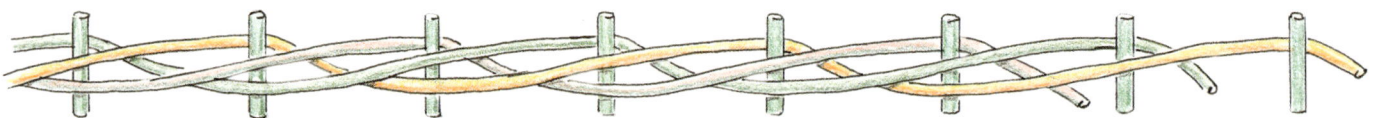

Das Verbinden

Grundsätzlich kann man sich darauf verlassen, dass die Spannung im Geflecht das Bauwerk in Form hält, aber meist ist es ratsam, es zusätzlich zu stabilisieren, indem die Hölzer an den Kreuzungspunkten verbunden werden. Vorläufige Verbindungen aus Gartenschnur, Zwirn oder Jutegarn sind in der Bauphase nützlich, um dem Bauwerk die gewünschte Form zu geben. Einige dieser Verbindungen kann man anschliessend wieder lösen, aber für die meisten Bauten sind ständige Verbindungen zu empfehlen. Diese können aus demselben Material hergestellt werden wie die vorläufigen Verbindungen, besser und natürlicher sind aber dünne, biegsame Rutenstücke, die auch traditionell zum Einsatz kamen.

Umwickeln Sie die Kreuzungspunkte mehrmals und setzen Sie einen Doppelknoten. Sie erleichtern sich die Arbeit beträchtlich, wenn Sie sich gleich eine grössere Menge an Schnurstücken zurechtschneiden, und das geht am schnellsten mit einem Schnurbrett (siehe Abb. 3).

Wenn die Weide wächst und dicker wird, dann können sich die Verbindungen in das Holz einschneiden, deshalb sollten Sie die Stellen im Auge behalten und wenn nötig erneuern. Manche Weidenbauer helfen sich, indem sie Gummistreifen verwenden, die sie von alten Fahrrad- oder Autoschläuchen herausschneiden. Die wachsen sozusagen mit, wenn die Weide dicker wird.

Wenn zwei Weidenhölzer sehr fest zusammengebunden sind, kommt es bisweilen vor, dass sie dort allmählich miteinander verwachsen. Dies schafft eine sehr starke gleichförmige Struktur, dann kann man natürlich die äusseren Verbindungen entfernen. Ein gutes Beispiel dafür ist der Arkadenbau auf der Lichtung von Clare Wilks (siehe Abb. 54 bis 57).

Überprüfen Sie immer wieder den Zustand der Verbindungen, während Ihr lebendes Bauwerk weiterwächst. Sollten einige der ursprünglichen Ruten absterben, dann ersetzen Sie sie einfach durch neue.

**18
Schnurverbindung**
Mit Gartenschnur, Zwirn oder Jutegarn können vorläufige oder bleibende Verbindungen hergestellt werden.

**19
Verbindung mit Weide**
Verbindungen mit biegsamen jungen Weidenzweigen sehen schön aus, auch, weil sie aus dem selben natürlichen Material bestehen.

*20 **Zusammengewachsene Ruten***
Diese Ruten, die mit Weide zusammengebunden wurden, verwuchsen miteinander innerhalb eines Jahres. Sie gehören zu einem Bauwerk von Clare Wilks im Park der Königlichen Gesellschaft für Gartenbau in Wisley, England.

*21 **Einfache Umwicklung***
Die einfache Umwicklung eignet sich gut zum Verbinden zweier Ruten an ihrem Kreuzungspunkt. Hier wurde ein gespaltener Weidenzweig benutzt, aber mit Gartenschnur, Zwirn oder Jutegarn geht es genau so gut.

*22 **Das "Gottesauge"***
Mit einem dünnen, gespaltenen Weidenzweig wurde diese schmucke, rechtwinklige Verknüpfung zweier dreijähriger Ruten geschaffen.

Das Zurückschneiden

Wenn Sie Ihre Konstruktion fertig gepflanzt und gebaut haben, dann können Sie sich zurücklehnen und zuschauen, wie sie wächst. Bald fangen aber neue Triebe an auszuschlagen, und Sie müssen sich entscheiden, wie Sie damit umgehen wollen. Neuer Wuchs kann in die Struktur eingeflochten werden, um Lücken zu füllen und die ursprüngliche Form weiter zu entwickeln. Sie können ihn aber auch wild wachsen lassen. Jedoch müssen Sie wenigstens einen Teil des Neube-wuchses zurückschneiden, und das geschieht am besten im Spätherbst. Das Zurückschneiden fördert auch neues Wachstum im unteren Teil der Ruten. Werfen Sie die abgeschnittenen Stücke nicht weg - sie können für neue Weidenbauprojekte nützlich sein.

Abb. 24 zeigt einen genagelten Stuhl ein Jahr nach der Pflanzung, mit üppigem neuem Wuchs. Beachten Sie, dass der neue Wuchs zum größten Teil aus den oberen Enden der Stuhlbeine und der Rückenlehne austreibt. Durch einige gut überlegte Schnitte konnte die Form weiter entwickelt werden, sodass über der bestehenden Rückenlehne eine weitere dekorative Ausgestaltung sowie zwei Armlehnen entstanden.

23 ▲
Die neuen Triebe von den oberen Enden der Lehne überkreuzen sich. Dieser natürliche Wuchs brachte mich auf die Idee, die Lehne mit einem rautenförmigen Muster weiterzuformen. Ich verband die Kreuzungspunkte, um die Form festzulegen, dann schnitt ich das überschüssige Material weg.

24 ◄ ▲
Ich entschloss mich, zwei der neuen Schösslinge beizubehalten, die aus den vorderen Stuhlbeinen ausgetrieben hatten, bog sie nach hinten und band sie an die Rückenlehne, um damit Armlehnen zu bilden. Sie sind momentan noch ziemlich schwach, werden sich aber bald zu kräftigen Ruten entwickeln.

Wigwams und Kuppelbauten

Ein bitterer Aufguss aus Weidenrinde wurde früher in der Naturheilkunde zur Behandlung von Schüttelfrost und Rheuma verwendet. Alte Aufzeichnungen weisen darauf hin, dass schon Hippokrates um 400 v. Chr. Weidenrinde als schmerzlinderndes Mittel einsetzte. Zu Beginn des 19. Jahrh. wurde der wirksame Bestandteil Salicylsäure isoliert. Später, 1899, gelang der Firma Bayer die synthetische Herstellung des Stoffes unter dem Namen Acetylsalicylsäure, woraus das meistverbreitete Medikament der Welt wurde, nämlich Aspirin.

Ein Wigwam oder ein Kuppelbau lässt sich aus Weide schnell und leicht bauen. Sie ergeben ein gutes Spielhaus oder eine Höhle für Kinder, und ein Tunnel kann später angebaut werden. Ältere Kinder können ein solches Spielhaus mit ein bisschen Anleitung durch einen Erwachsenen auch selbst bauen. Wenn Sie einen geeigneten Standort für den Wigwam auswählen, beachten Sie die Hinweise über das Einpflanzen am Anfang des Buches.

Wigwam

Für diesen Wigwam, der einen Durchmesser von 1 m hat, nahm ich zehn zweijährige Ruten als senkrechte Stangen, die im Abstand von 15 - 20 cm eingepflanzt wurden. Ich verwendete dünnere, einjährige Ruten als Schrägstreben. Alle Ruten waren wenigstens 2 m lang. Sie können natürlich die Größe des Wigwams verändern, um ihn Ihren Bedürfnissen und dem zur Verfügung stehenden Platz anzupassen. Beachten Sie jedoch, dass Sie für größere Wigwams mehr und längere Ruten brauchen.

25
Mit einem zugespitzten Stock, der mit Schnur an einem Pfahl angebunden ist, wird der Umfang des Wigwams auf dem Boden markiert. (Die Länge der Schnur entspricht dem Radius des Wigwams.) Dann wird die Schnur um eine Spatenbreite verlängert und ein zweiter Kreis außerhalb des ersten markiert.

26
Nun entfernen Sie die Grasnarbe bzw. den Oberflächenbewuchs zwischen den Markierungen, sparen aber den Eingang aus. Heben Sie den Graben aus und lockern Sie die Erde bis zu einer Tiefe von mindestens 30 cm auf. Arbeiten Sie reichlich wasserspeichernden Kompost ein.

27 ◄
Pflanzen Sie die zweijährigen Ruten 30 cm tief in den Graben. Falls nötig, bohren Sie Pflanzlöcher mit einem Pfahleisen oder mit einer Setzstange. Pflanzen Sie die Ruten im Abstand von 15-20 cm. Wenn Sie eine Mulchfolie benutzen, breiten Sie diese auf dem Boden aus und stecken die Ruten durch.

28 ▲
Binden Sie die oberen Enden der Ruten mit Schnur oder dünnen Weidenruten zusammen. Dann schneiden Sie alle Spitzen ab, um so das Wachstum im unteren Teil der Ruten anzuregen.

29 ◄
Pflanzen Sie schließlich die einjährigen Ruten schräg ein und verflechten sie mit den dickeren senkrechten Stangen. Wenn Sie sofort einen geschlossenen Bau wollen, können Sie mit jedem beliebigen biegsamen Pflanzenmaterial mit einem Zäunergeflecht die Lücken schließen.

30 ▲
Die Verflechtung der Schrägstreben mit den Stangen von Nahem gesehen.

31▲▼
Großer Wigwam
Dieser Wigwam, der einen Durchmesser von etwa 1,5 m hat, wurde auf ähnliche Weise gebaut wie der vorher beschriebene kleine. Ein Jahr später ist der üppige neue Wuchs unübersehbar. Die meisten Neutriebe sind an oder nahe der Spitze zu finden. Für einen gleichmäßigen Bewuchs sind deshalb die schräg angebrachten Ruten ganz wichtig. Flechten Sie die neuen Triebe zur Verstärkung der Wandung in die Struktur ein und beschneiden Sie die Triebe an der Spitze. Übrigens, bei dem abgebildeten Wigwam knabberten Kaninchen die Triebe unten ab.

32◀
Auswahl der Ruten:
Für den Kuppelbau werden größere Ruten ausgewählt. Man kann zwei- oder dreijährige Ruten für die senkrechten Stangen benutzen und dünne zweijährige (oder dicke einjährige) für die Schrägstreben. Hier werden die dicken Rutenenden mit einer Astschere abgeschnitten.

33 ▲
Pflanzen der senkrechten Stangen:
Nach dem Ausheben des Grabens werden mit Hilfe einer Setzstange mindestens 45 cm tiefe Pflanzlöcher gebohrt und die dicken Stangen in regelmäßigen Abständen im Kreis gepflanzt. Bei diesem Bau hatten sich die Kinder für zwei Eingänge entschieden.

Kuppelbau

Ein Kuppelbau ist gewissermaßen ein riesiger Wigwam und erfordert dieselben Schritte bei der Wahl des Bauplatzes und bei der Vorbereitung. Ein Projekt dieser Art kann gut durch eine Schulklasse durchgeführt werden.

34 ◄◄
Einpflanzen der Schrägstreben:
Zwischen die senkrechten Stangen wurden jeweils zwei Schrägstreben so eingepflanzt, dass sie sich überkreuzen. Sie wurden 30 cm tief in den Boden gesteckt.

35 ◄
Bildung der Kuppel
Gegenüberstehende senkrechte Stangen sind paarweise zueinander gebogen und mit Schnur in der Mitte der Kuppel zusammengebunden. Die Schrägstreben wurden dann mit der Struktur verflochten.

◄
36
Diese geodätische Kuppel in Ashmans Farm, Essex, England, ist in einer anderen Technik gebaut. Es gibt hier weniger senkrechte Stangen und mehr Schrägstreben. Die Schrägstreben werden paarweise zusammengebunden, ohne dass sie über den Scheitelpunkt der Kuppel verlaufen, wobei ein Muster von drei- und vierseitigen Formen entsteht. Diese Konstruktionsmethode ist eigentlich einfacher, weil sich nicht so viele Ruten in der Mitte treffen.

37 ▲
Dieser Kuppelbau von Steve Pickup steht im Garten der Henry Doubleday Research Association in Ryton, England. Ein Jahr nach seiner Pflanzung hat er viel kräftigen Wuchs entwickelt. Beachten Sie den Bogen, der in den Bau eingeflochten wurde und einen kuppelförmigen Eingang bildet.

38 ◄
Die Konstruktion dieses Wigwams in Ashmans Farm, Essex, England: Rückgrat der Konstruktion ist ein dreibeiniges Gerüst aus kräftigen Ruten. Schrägstreben wurden gepflanzt und so verflochten, dass sie in einem lockeren Gittermuster die Wände des Wigwams bilden. Diese ließen sich oben befestigen, indem sie mit mehreren waagrecht eingeflochtenen Ruten verbunden wurden. Eine weitere Möglichkeit zum Festigen der Struktur besteht darin, eine Fitze einzuflechten.

39 ►
Diese Abwandlung einer Weidenkuppel von Matthew Meers ist auf dem Spielplatz eines dörflichen Vorschulkindergartens gebaut. Die Kinder bekommen dort von den Erzieherinnen Geschichten erzählt.

*40
Detail Kreuzungspunkte*

Tunnel

Ein Tunnel eignet sich gut für einen Spielplatz auf dem Schulgelände, oder, wenn der Platz reicht, um einen Fußweg zu begrenzen. Tunnel sind leicht zu bauen - man kann sie sich als zwei parallel verlaufende Zäune vorstellen, die oben zueinandergebogen und verbunden werden. Man kann sie beliebig hoch oder lang bauen. Das Beispiel in Abb. 42 ist so hoch, dass selbst große Erwachsene hindurchgehen können, während der Tunnel (Abb. 41) für kleine Kinder gedacht ist, die sich gern an Plätzen aufhalten, die für Erwachsene unzugänglich sind. Wenn die Weiden ausgetrieben haben, bilden Tunnel kühle, schattige Aufenthaltsorte bzw. herrliche Spielplätze und Verstecke für Kinder.

*41
Dieser Kriechtunnel, von Jim Buchanan im Earth Centre in Doncaster, England, entworfen und errichtet, ist ein idealer Spielplatz für Kinder. Das Grundgerüst wurde aus dicht nebeneinander gepflanzten dicken Ruten gebildet, die bogenförmig sowohl mit der Spitze als auch mit dem Ende in den Boden gesteckt sind. Dünne Schrägstreben wurden gebündelt neben die dicken Ruten gepflanzt und eingeflochten.*

42
Dieser Weidentunnel wurde von Helen Adshead im Arboretum von Westonbirt, England, geschaffen. Große senkrechte Stangen sind beiderseits des Fußweges gepflanzt und die Spitzen der gegenüberstehenden Stangen zueinander gebogen und zusammengebunden. Dann wurden dünnere Ruten im Winkel von 45° eingepflanzt und zu einem Gitterzaun verflochten (siehe Abb. 40). Waagerechte Weidenbänder, an beiden Seiten und am Scheitel des Tunnels eingeflochten, verstärken anfangs die Struktur, da es aber nichtlebende Ruten sind, verrotten sie mit der Zeit.

43 ▶
Was auf den ersten Blick wie eine dichte Hecke neben einem Fußweg aussieht, ist in Wirklichkeit der selbe Tunnel im Earth Centre später im Jahr, mit Wuchs von etwa 5 Monaten (siehe Abb. 41).

44 ▲
Diese Reihe einfacher Bögen, die einen offenen Tunnel bilden, wurde von Jim Buchanan im Earth Centre in Doncaster, England, errichtet.

45 ◀
Sechs Monate nach der Pflanzung wirft der neue Wuchs interessante Schatten auf den Boden.

Zäune

Weidenzäune sind leicht zu bauen. Man kann sie entweder als eigenständiges Bauwerk errichten, um eine Fläche abzugrenzen oder um einen unschönen Anblick abzuschirmen, oder man kann damit in Kombination mit Tunnels und Bogengängen einen interessanten Spielplatz gestalten.

Ein Weidenzaun bildet einen sehr wirksamen Windschutz. Anders als feste Zäune, die Turbulenzen verursachen und dadurch Pflanzen auf der windabgewandten Seite beschädigen können, lassen sie den Wind in abgeschwächter Form durch.

Weide wird seit Jahrhunderten zum Bau von Zäunen und Hürden verwendet. Nach alten Aufzeichnungen wurden früher Weidenknüppel zur Befestigung von Wegen durch sumpfiges Gelände auf den Boden gelegt.

46
Kleiner Zaun: *Für einen solchen Zaun pflanzen Sie die senkrechten Stangen mindestens 45 cm tief und zwischen 25 und 50 cm auseinander. Die Höhe des Zaunes spielt dabei noch keine Rolle - der Zaun kann nach Fertigstellung auf eine gleichmäßige Höhe zurückgeschnitten werden. Pflanzen Sie die Schrägstreben 30 cm tief ein, paarweise wie auf der Abbildung zu sehen.*

47
Verbinden der Schrägstreben
Verstärken Sie die Struktur mit einfachen Schnurverbindungen an allen Kreuzungspunkten. Schneiden Sie die Zaunspitzen mit einer Gartensäge oder einer Astschere gleichmäßig auf die gewünschte Höhe herunter.

Nachteilig bei lebenden Zäunen ist, dass ihre Wurzeln mit benachbarten Pflanzen um das Wasser konkurrieren. Man sollte auch die Wirkung des Schattens bedenken, den sie auf nahegelegene Pflanzen werfen.

Beachten Sie die Pflanzanleitungen am Anfang des Buches. Benutzen Sie als senkrechte Stangen zwei- bis dreijährige Ruten, mindestens 2 cm dick,. Dicke Stangen wirken sofort wie ein Zaun, und wenn sie ausgetrieben haben, sind sie so kräftig, dass sie weder Fußbälle noch Haustiere hindurchlassen.

48 ▶
Zurückschneiden
Um den überflüssigen Wuchs zu entfernen, müssen Zäune mindestens einmal jährlich zurückgeschnitten werden, damit sie ihre Form behalten. Manche Leute schneiden den Zaun regelmässig, bis zu dreimal im Jahr, um die ursprüngliche Gestalt zu erhalten. Andere, die es lieber wild mögen, flechten die neuen Triebe wieder ein und schneiden weniger oft. Sie haben die Wahl. Wie Sie sehen, neigen die Schrägstreben eher dazu, schon weiter unten auszutreiben, als die senkrechten Stangen.

49 ◀
Dieser neugebaute Zaun wurde von Steve Pickup vor einem vorläufigen Windschutz im Garten der Henry Doubleday Research Association in Ryton, England, errichtet. Die Ruten wurden im März durch eine breite Mulchfolie gepflanzt. Das obere Ende des Zaunes wurde verstärkt, indem die Spitzen der Schrägstreben heruntergebogen, miteinander verflochten und festgebunden wurden.

*50
Dieses Foto von dem Zaun in Ryton, das im Juni desselben Jahres aufgenommen wurde, zeigt, wie schnell sich neuer Wuchs bilden kann.*

51 ▶
Zaun mit Fenster: Fenster in Zäunen, Kuppelbauten und Spielhäusern können interessante Ein- und Ausblicke gewähren und auch zur Beobachtung von Vögeln und anderen Tieren dienen.

52 ◀
Rückhaltewand: Hier wurde ein kräftiges Geflecht eingesetzt, um an einer Geländestufe im Garten die Erde zurückzuhalten.

53 ▲
Diese grüne Wand im Machynlleth Green Park in Wales wurde von Ewen McEwen entworfen und gebaut. Der stabile doppelte Heckenzaun schirmt die Gebäude des Green Park gegen die Straße ab.

54 ◄

Arkadenbau kurz nach Fertigstellung der Struktur

Die begehbare Arkade aus lebender Weide wurde von Clare Wilks im Park der Königlichen Gartenbaugesellschaft in Wisley, England errichtet. Der Bau besteht aus vier Bögen und zwei Zäunen. Die Ruten für die Bögen wurden um Metallformen gewunden, damit ihre Gestalt übereinstimmt, und dann oben mit feinen Weidenruten zusammengebunden. Der Gitterzaun besteht aus dünnen Ruten, die paarweise schräg eingepflanzt, und zu einem einfachen Gittergeflecht verflochten sind. Auch hier sind alle Kreuzungspunkte mit Weide verbunden. Anstelle von dikken Stangen verwendete Clare mehrere zusammengedrehte dünne Ruten als Pfähle an den Enden des Zauns. Die Seiten der Bögen stützen die mittleren Abschnitte des Zauns. Der Bau ist sehr gut gewachsen und viele Ruten sind an den Kreuzungspunkten miteinander verwachsen (siehe Abb. 51).

55 ▼▼
Pfosten am Ende des Zauns

56 ▼
Detailansicht des gitterförmigen Flechtzauns

57 ◄
Der Arkadenbau ein Jahr nach dem Pflanzen

Sitze

Weidenkätzchen werden durch Insekten bestäubt, man kennt rund 450 wirbellose Tierarten, die an der Weide vorkommen - mehr als an jedem anderen Baum.

Frisch geschnittene Weide ist sehr biegsam, und diese Eigenschaft kommt gut zum Tragen bei der Herstellung eines lebenden Sitzes für den Außenbereich. Ein solcher Sitz kann entweder in einen Bau, z.B. einer Laube, integriert sein, oder er kann als freistehendes, selbständiges Objekt konzipiert werden.

Man unterscheidet zwischen zwei Arten von Sitzen - geflochtene Sitze und genagelte Stühle. Geflochtene Sitze werden im Grunde wie Körbe hergestellt: Man pflanzt lebende Staken in den Boden, dann flicht man nichtlebende Weide oder anderes Material dazwischen und schafft so einen dichten, starken Sockel. Genagelte Stühle bestehen aus einem Gerüst aus lebenden oder nichtlebenden Ruten, das dann mit dünnen, biegsamen Weidenruten ausgekleidet wird.

Soll ein Sitz wirklich zum Sitzen dienen, dann muss er bequem sein und gut aussehen, deshalb hier einige wichtige Punkte zur Gestaltung: Die Sitzfläche von vorn nach hinten sollte höchstens 40 cm tief sein - sonst kann man sich schlecht anlehnen. Die Sitzfläche sollte sich etwa 40 cm über dem Boden befinden, damit man aufrecht sitzen kann (etwas niedriger, wenn man es sich darin bequem machen will), und sie sollte vorne breiter sein als hinten. Die Lehne ist am besten leicht nach hinten geneigt, senkrechte Lehnen erweisen sich meist in kurzer Zeit als unbequem.

Geflochtener Sitz

Für diesen Sitz (Abb. 58 bis 72) nahm ich elf 1,5 m lange und 12 mm dicke einjährige Ruten als Staken und 6 mm dicke Ruten unterschiedlicher Farbe zum Einflechten.

Ich verwendete das einfache Zäunergeflecht, weil es sehr robust und gleichzeitig rationell zu fertigen ist. Sie können aber auch irgendeine andere Flechttechnik benutzen (siehe Abb. 14 bis 17). Der Sockel des geflochtenen Sitzes wird mit Erde aufgefüllt und mit Kriechpflanzen bepflanzt. Außer dem Weidenholz braucht man eine Pappschablone von 40 cm Durchmesser und etwas Mulchfolie.

Wenn Sie den Sitz vergrößern bzw. dichter flechten möchten, können Sie die Anzahl der Staken vergrößern, aber es sollte stets eine ungerade Anzahl sein.

58
Geflochtener Sitz mit Pflanzenpolster:
Wählen Sie einen geeigneten Standort für den Sitz, breiten Sie die Mulchfolie auf dem Boden aus und befestigen Sie darauf die Schablone.

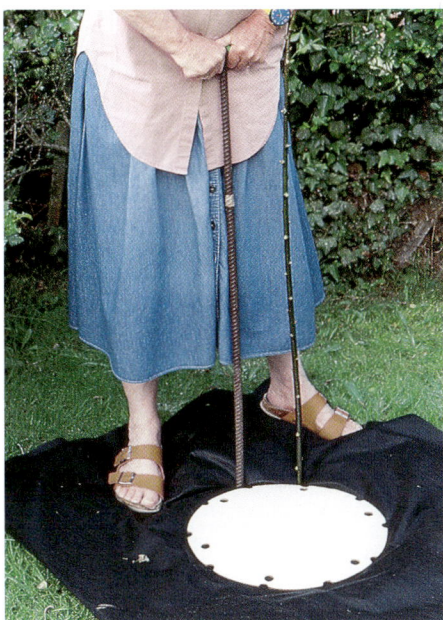

59 ▲
Die senkrechten Ruten sollten möglichst gerade sein. Mit einem Schrägschnitt am dicken Ende spitzen Sie jede Rute zu, sodass sie leichter in den Boden zu stecken ist.

60 ◄
Bohren Sie mit einer Setzstange oder mit einem Pfahleisen ein senkrechtes Pflanzloch und pflanzen Sie die Weidenrute mindestens 30 tief ein, wobei Sie die Rute möglichst weit unten anfassen, um zu verhindern, dass sie abknickt. Pflanzen Sie die anderen 10 Ruten in derselben Weise in gleichmäßigen Abständen um die Schablone.

61 ▼
Nehmen Sie eine Flechtrute und beginnen Sie ein einfaches Zäunergeflecht - jeweils vor einer senkrechten Rute, dann hinter der nächsten vorbei. Wenn die Flechtruten sehr dünn sind, können Sie auch mehrere zusammen nehmen. Beim Ansetzen von neuen Ruten immer Spitze an Spitze bzw. Ende an Ende ansetzen.

62 ►
Treten Sie beim Weiterflechten ab und zu zurück, um die Form zu betrachten und wenn nötig, die senkrechten Ruten nachzurichten.

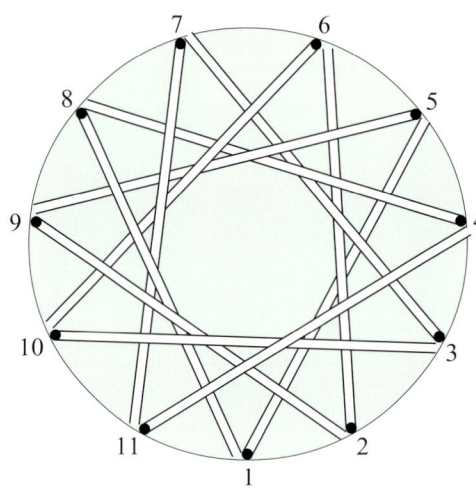

66 ▲
Das Schema der Ruten auf der Sitzoberfläche.

63 ◄◄
Versuchen Sie beim Weiterflechten die Wandung möglichst in der Senkrechten zu halten. Drücken Sie die Flechtruten von Zeit zu Zeit fest nach unten, um die Struktur zu verdichten. Ein lockeres Geflecht ist nicht sehr stabil. Wenn Sie Bänder in anderen Farben oder anderer Beschaffenheit einflechten, wird das Ergebnis abwechslungsreicher. Haben Sie eine Höhe von etwa 40 cm über dem Boden erreicht, hören Sie auf mit dem Flechten.

64 ►
Kleiden Sie die Innenseite des Sitzes sorgfältig mit Mulchfolie oder Sackleinen aus. Da der Sitz recht hoch ist, können Sie den Innenraum unten zunächst mit Backsteinen oder Bauschutt anfüllen, falls zu wenig Erde zur Verfügung steht. Beim Auffüllen mit Erde, stampfen Sie Schicht für Schicht fest. Wenn Sie in einer regenarmen Gegend wohnen, können Sie wasserspeicherndes Granulat in die Erde einarbeiten oder einen Sprinklerschlauch verlegen. Das Letztere ist besonders hilfreich bei großen Sitzen oder geflochtenen Bänken. Ist der Sitz voll mit Erde angefüllt, wird die überstehende Mulchfolie weggeschnitten.

65 ◄
Nun wird die Sitzfläche geschaffen. Gemäß Abb. 66 nummerieren Sie die senkrechten Ruten (1-11) gegen den Uhrzeigersinn im Kreis. Knicken Sie nun vorsichtig die senkrechte Rute Nr. 1 in der Höhe des Sitzes, sodass sie über den Sitz hinweg zur Nr. 5 führt. Dort knicken Sie sie wieder und biegen das Ende nach unten. Mit einer Gartenschere schneiden Sie die Rute 15 cm nach dem zweiten Knick schräg ab und stecken dieses Ende neben der Rute Nr. 5 wieder in das Geflecht hinein.

67
Auf diese Weise wird auch die Rute Nr. 2 über den Sitz zur Rute Nr. 6 gebogen. Bauen Sie Schritt für Schritt die Sitzfläche auf, wie im Schema angegeben. Falls eine Rute entzweibricht, schneiden Sie sie ab und ersetzen Sie sie: Knicken Sie eine Ersatzrute so, dass sie über den Sitz passt, machen Sie einen Schrägschnitt an jedem Ende und stecken Sie beide Enden in das Geflecht.

68
Sie können dem Geflecht ein gepflegtes Aussehen geben, indem Sie alle herausstehenden Enden abschneiden. Dies ist aber nicht unbedingt erforderlich, und manche mögen an dem zerzausten Aussehen eines „unordentlichen" Sitzes Gefallen finden.

69
Lassen Sie den Sitz etwa eine Woche ruhen, damit sich die eingefüllte Erde setzen kann, füllen Sie, wenn nötig, Erde nach, dann bepflanzen Sie den Sitz. Geeignete Pflanzen sind Kamille und Kriechender Thymian, aber Sie können es auch mit anderen Bodendeckern versuchen. Duftende Pflanzen und solche, die trockenen Boden lieben, eignen sich besonders gut.

70 ◄◄
Verteilen Sie Mulch um den Sockel des Sitzes, um die künstliche Mulchfolie zu verdecken. Gießen Sie häufig, damit die Weiden und die Pflanzen gut anwachsen. Dieses Foto, das später im Jahr aufgenommen wurde, zeigt neuen Wuchs. Beachten Sie, wie die Farbe der nichtlebenden Flechtruten durch die Witterungseinflüsse verblasst ist.

71 ◄
Flechten Sie die neuen Triebe ein und schneiden Sie dort zurück, wo es erforderlich ist. Wenn der Sitz fertiggestellt ist, kann man wunderbar darauf sitzen und dabei den Duft von frischen Kräutern riechen!

72 ▲
Der fertige Sitz

Genagelter Stuhl

Dieser Stuhl (siehe Abb. 73 bis 79) hat Beine aus lebender, und Streben und Sitzlatten aus nichtlebender Weide. Die Teile werden zusammengenagelt, dann wird der Stuhl in den Boden gepflanzt. Wenn Sie die ursprüngliche offene Gestalt beibehalten möchten, dann schneiden Sie die neuen Triebe rigoros zurück. Soll der Stuhl jedoch rustikaler aussehen, können Sie den neuen Wuchs einflechten und allmählich die nichtlebenden Teile ersetzen.

Bei diesem Stuhl wurden 32 - 38 mm dicke lebende Ruten als Beine benutzt: Vorne zwei 75 cm lange Ruten, hinten zwei 1,5 m lange Ruten. 19-25 mm dicke Ruten verschiedener Länge wurden für die übrigen Teile benutzt: Zehn 38 cm lange Hölzer für die Streben, sieben 40 cm lange Hölzer für die Sitzfläche und drei 27 cm lange Hölzer für die dekorative Rückenlehne. Die Teile wurden mit verzinkten Nägeln zusammengenagelt.

Wenn Sie einen größeren Stuhl herstellen wollen, nehmen Sie längere Streben und Sitzlatten. Wenn Sie die Teile schneiden und zusammenfügen, achten Sie darauf, dass Sie die Rinde oder die Triebe nicht verletzen.

Der hier gezeigte Stuhl wurde im Frühsommer gebaut - die Ruten hatten einige Zeit im Wasser gestanden, hatten Wurzeln gezogen und ausgetrieben - und trotzdem wuchs er gut an. Dies ist ein Beweis dafür, dass man sich nicht immer streng an Regeln halten muss.

73
Zuerst wird die Rückenlehne gebaut. Wenden Sie die hinteren Stuhlbeine so, dass ihre natürliche Krümmung (falls vorhanden) in die gewünschte Richtung zeigt, d.h. üblicherweise von der Sitzfläche weg. Legen Sie die untere Querstrebe 43 cm vom unteren Ende entfernt über die Beine und lassen Sie sie beiderseits etwa 2,5 cm überstehen. Bohren Sie die Strebe vor, mit Löchern, die etwas kleiner sind als der Nageldurchmesser. Nageln Sie die Strebe so an die Beine, dass Sie dabei weder die Rinde verletzen noch die Rute spalten. Legen Sie die übrigen drei Streben im Abstand von je 30 cm auf die hinteren Stuhlbeine und nageln Sie sie in derselben Weise an. Setzen Sie nun die vorderen Stuhlbeine entsprechend der Rückseite zusammen, wobei die obere Strebe nicht zu nah oben an den Beinenden befestigt werden sollte, damit diese beim Eindringen der Nägel nicht reißen.

74 ▼▶
Nun werden die Seitenstreben an der Rückseite des Stuhles angebracht. Bohren Sie eine der Streben vor, wieder jeweils mit einem Überstand von etwa 2,5 cm. Die Seitenstrebe wird dicht unter eine der hinteren Streben angebracht und mit einem verzinkten Nagel in das hintere Stuhlbein genagelt. Mit den anderen Seitenstreben wird ebenso verfahren .

75 ◀
Das Grundgerüst wird fertiggestellt, indem die Seitenstreben an die Vorderseite des Stuhles genagelt werden. Bohren Sie wieder Löcher vor, bevor Sie die Streben an die Vorderbeine nageln. An jeder Verbindungsstelle sollten möglichst zwei Nägel sein.

76
Heben Sie eine quadratische Grube aus mit einer Tiefe von mindestens 30 cm und einer Seitenlänge von 60 cm. Setzen Sie den Stuhl mittig in die Grube, wässern Sie gut und füllen Sie mit Kompost oder Erde auf. Legen Sie Mulchfolie bzw. Rindenmulch um den Stuhl, damit Unkraut und Gras zurückgehalten werden.
Sie können beim Pflanzen auch noch zusätzlich einige dünne Weidenstecklinge dazusetzen, so daß die aus Weidenlatten bestehende Sitzfläche nach und nach durch hineingeflochtene lebende Weide ersetzt werden kann.

77 ◄◄
Auf die selbe Art werden die Latten für die Sitzfläche und die Dekoration an der Rückenlehne angebracht.

78 ◄
Nach einem Jahr hat der Stuhl reichlich neuen Wuchs an den lebenden Weidenstuhlbeinen entwickelt.

79 ▲
Durch gezieltes Beschneiden und das Einbinden von neuem Bewuchs in die Struktur gewinnt der Stuhl an Charakter. Soll die ursprüngliche offene Form beibehalten werden, wird der neue Bewuchs einfach zurückgeschnitten.

Stuhl aus gebogenem Holz

Dieser Stuhl aus gebogenem Holz (Abb. 80 bis 86), wie er traditionell in Amerika oder von fahrendem Volk gefertigt wurde, besteht aus einem nichtlebenden Gerüst, an das Armlehnen und eine Rückenlehne aus lebender Weide angefügt sind. Zum Herstellen des Gerüstes wurden Haselstöcke verwendet, aber Stöcke aus Kastanie wären genau so gut geeignet. Die Beine könnten aber auch aus dicken lebenden Weidenruten gefertigt sein (wie bei dem genagelten Stuhl, Abb. 73 bis 79), dann ist jedoch darauf achten, dass die Beine 30 cm länger sein müssen, um das Einpflanzen zu ermöglichen.

Man braucht 38 - 50 cm dicke Haselstöcke für die Beine und die Streben, je 1 m lang für die beiden Hinterbeine und 43 cm lang für die zwei Vorderbeine, je 60 cm lang für die beiden vorderen Streben; sechs 55 cm lange Stücke - zwei für die hinteren Streben und vier für die seitlichen - und einen 75 cm langen Stock für die Rückenlehne.

Sechzehn 64 cm lange und 12 mm dicke Haselstöcke wurden für die Sitzlatten benutzt, und zur Ausgestaltung der Rücken- und Seitenlehnen fanden etwa zwölf 1,5 m lange und 12 - 19 mm dicke Weidenruten Verwendung.

80
Wieder wird mit dem Bau des hinteren Teils des Stuhlgerüsts begonnen. Mit einem scharfen Messer oder Schmirgelpapier werden die Enden der Streben abgerundet und die untere Strebe 7,5 cm so vom unteren Ende entfernt über die Beine gelegt, daß sie beiderseits 3,5 cm übersteht. Bohren Sie für jede Verbindung zwei Löcher vor, und zwar über Kreuz, damit das Holz nicht so leicht reißt. Nageln Sie die Strebe an die Beine. Dann wird die zweite Strebe auf die selbe Weise 43 cm über dem unteren Ende der Beine befestigt. Passend zum Rückenteil wird entsprechend die Vorderseite hergestellt.

81
Nun wird mit Hilfe der Seitenstreben die Vorder- mit der Rückseite verbunden. Das geht leichter, wenn Ihnen jemand dabei hilft. Zu diesem Zeitpunkt können Sie den Winkel der Rückenlehne festlegen. Eine leicht nach hinten geneigte Rückenlehne ist gut für ein bequemes Sitzen.

82
Als Nächstes werden die Weidenlatten für die Sitzfläche angebracht, indem man jede Latte mit einen kleinen Zwischenraum auf beide Enden der Streben nagelt. Die ziemlich dünnen Stäbe geben etwas nach, was für ein bequemeres Sitzen hilfreich ist.

83 ◄
Die lange waagerechte Rückenstrebe (die auch den späteren Bewuchs stützen soll) wird 68 cm hoch am Rückenteil angenagelt. Das Stuhlgerüst wird nun fertiggestellt, indem vorne und seitlich an den Stuhlbeinen über Eck Verstrebungen angebracht werden.
Unter dem Stuhl wird ein 30 cm tiefes Loch gegraben, um die lebende Weide zur Ausgestaltung des Stuhles einzupflanzen. Die Grube sollte nur so groß sein, dass die Stuhlbeine etwa 7,5 cm ausserhalb der Grube stehen können.
Die Armlehnen werden aus lebender Weide angefertigt. Schieben Sie das untere Ende einer Rute durch die Vorderseite des Stuhls in das Loch und biegen Sie dann die Rute, wie in der Abbildung gezeigt, so unter die lange Rückenstrebe, dass die Rute nicht knickt oder gar bricht. Verfahren Sie auf der anderen Seite des Gerüsts ebenso bis auf jeder Seite drei Ruten eingesteckt sind.

84 ◄◄
Pflanzen Sie jeweils an den Seitenteilen des Stuhls zwei Ruten, biegen Sie sie über und hinter der Mittelstrebe an der Rückseite des Stuhlgerüsts und kreuzen Sie sie in der Mitte vor den Hinterbeinen. Fixieren Sie sie vorläufig mit Schnur.

85 ◄
Nageln Sie die Ruten an das Gerüst, nachdem Sie Löcher vorgebohrt haben. Entfernen Sie alle vorläufigen Verbindungen. Pflanzen Sie hinten am Stuhl zwei weitere Ruten ein und binden Sie diese mit einem sauberen Knoten zusammen. Dann alle überstehenden Enden abschneiden.

86

Der fertige Stuhl:
Zuletzt wird die Grube mit Kompost aufgefüllt, und um den Stuhl herum Mulch verteilt, um Unkraut und Gras zu unterdrücken. Sie sollten sich erst auf den Stuhl setzen, wenn er gut angewachsen ist! Die neuen Triebe mindestens 30 cm lang wachsen lassen und diese dann in die Sitzfläche und die Armlehnen einflechten. Wer das ursprüngliche „ordentliche" Aussehen des Stuhles bevorzugt, kann die Triebe natürlich auch zurückschneiden.

Varianten

Die Abb. 87 bis 92 zeigen einige Formvarianten der eben vorgestellten Projekte. Vielleicht lassen Sie sich durch sie zu eigenen Ideen für bequeme und formschöne Sitze im Garten aus lebender Weide anregen.

87 ▼
Diese lange geflochtene Bank mit einer Sitzfläche aus kriechendem Thymian wurde nach dem selben Prinzip gebaut wie der geflochtene Sitz (Abb. 58 bis 72). Die Abbildung zeigt einen Teil der sehr großen Konstruktion, die von Steve Pickup in Bromley-by-Bow, London, geschaffen wurde.

88 ◄◄
Dieser Laubenstuhl wurde von Ewen McEwen entworfen und im Park der Königlichen Gartenbaugesellschaft in Wisley, England, gebaut. Um das Zusammenwachsen zu fördern, wurden die Ruten, die die Sitzfläche und die Rückenlehne des Stuhles bilden, sehr fest mit Zwirn zusammengebunden.

89 ◄
Lange, lebende Weidenruten bilden den Rücken der beiden geflochtenen Sitze von Clare Wilks in Wakehurst Place, England. Die dichte Belaubung am oberen Ende bietet Sonnenschutz. Das dekorative Flechtwerk am Sockel der beiden Sitze wurde aus nichtlebender Weide hergestellt, eine Baumscheibe bildet die Sitzfläche.

90 ◄
Zwei Stühle aus gebogenem Holz kurz vor dem Einpflanzen. Sie können Stühle bauen, wo immer Sie wollen, um sie dann z.B. Freunden zum Einpflanzen in ihrem Garten schenken. Die Rückenlehne ist mit Ruten in verschiedenen Farben ausgestattet, man könnte diese nach unten verlängern und in den Boden einpflanzen.

91 ▲▲
Bei dieser Stuhlvariante aus gebogenem Holz ist die Sitzfläche eher offen, und die Latten verlaufen von vorn nach hinten anstatt von rechts nach links. Eine zweite Strebe, die am vorderen Teil des Stuhlgerüsts angebracht ist, unterstützt die Ruten der Sitzfläche und sorgt für ein bequemeres Sitzen. Die runde Form der Rückenlehne aus lebender Weide wurde mit langen Ruten geschaffen, die gebogen und an beiden Enden in den Boden gesteckt wurden.

92 ►
Ein „verwilderter" Stuhl aus gebogenem Holz. Die neuen Triebe können nur eingeflochten werden, solange sie frisch und biegsam sind. Ein solcher, nicht gepflegter Stuhl wie der hier gezeigte, kann aber seinen ganz eigenen rustikalen Charme entwickeln.

96. (nächste Seite)
Das fertige Gartenhäuschen
Der Frühling ist gekommen, und die Sitzbank hat sich mit kriechendem Thymian, mit Kamille und Moos belebt. Der runde Eingangsbogen ist zusätzlich mit einem geflochtenen Band eingefasst, das ihn schmückt und gleichzeitig verstärkt. Die Seitenwände wurden später mit Kletterpflanzen wie Klematis, Kapuzinerkresse, Hopfen, Trichterwinden und Wicken bepflanzt.

Lauben und Gartenhütten

In einer Weidenlaube lässt es sich im Sommer angenehm sitzen und verweilen. Lauben sehen besonders gut aus, wenn sie mit Kletterpflanzen bewachsen sind. Sie erhalten mehr Stabilität, wenn man ähnlich wie bei einem Zaun oder einem Tunnel Flechtruten schräg als Verstrebung einpflanzt. Die Seiten können offen bleiben, es können aber auch einjährige Weidenruten eingeflochten werden, die einen reizvollen Gegensatz zu den lebenden senkrechten Weidenstangen schaffen.

Abb. 93 bis 98 zeigen Fotos vom Bau eines süß duftenden Gartenhäuschens aus Weide, entworfen von Stephanie Bunn und im Botanischen Garten von Worden in Lancashire, England, gebaut. Lee Dalby, ein erfahrener Korbmacher, setzte seine Fähigkeiten beim Flechten der Sitzbank ein.

94
Ursprünglich wurde das Geflecht der schräg gesteckten Ruten mit Schnur zusammengehalten. Diese Verbindungen sind später durch Verknüpfungen aus Weide in Form eines „Gottesauges" ersetzt worden.

93 ▶
Die senkrechten Stangen wurden im Spätherbst 30 - 38 cm tief eingepflanzt, und einige schräg gesteckte Ruten eingeflochten. Der Pfeiler in der Mitte soll das Dach stützen, hier sind die Ruten noch nicht zusammengefasst.

95 ▶▶
Jetzt sind die Ruten, die das Dach bilden, in der Mitte zusammengezogen, ein Flechtband ringsherum hält es in Form.

97 ▶
Die senkrechten Staken der Sitzbank wurden 22 cm tief eingepflanzt. Der Hohlraum ist mit Mulchfolie ausgekleidet und mit einem Gemisch aus Kompost und Erde aufgefüllt. Dieses wurde festgestampft, und nachdem es sich gesetzt hatte, nochmals nachgefüllt. Mit „Klammern" aus Weide über die Sitzfläche hinweg wird verhindert, dass das Gewicht der Erde die Vorderwand der Sitzbank herausdrückt.

98 ▲
Als nächster Schritt wurde auf dem Dach ein „Nest" aus kräftigem, dichten Flechtwerk geschaffen.

99 ◄ und 100▲
Zweimal die geflochtene Laube von Maggie Campbell in Eye Town Moors, Suffolk, England. Das erste Foto (links) wurde am Tag der Fertigstellung aufgenommen, das zweite (oben) mehrere Monate später. Es zeigt deutlich den üppigen Neuwuchs. Die Sitzbank besteht aus breiten Baumscheiben, die auf mehreren aufgestellten Baumstümpfen ruhen.

101
Dieses Gartenhaus steht im Botanischen Garten von Worden, Lancashire, England. Es wurde aus Reifweide hergestellt, die im Frühling wunderschöne große weiße Kätzchen produziert. Als es fertig war, wurden Geißblatt, Waldrebe und Klematis gepflanzt, die am Gartenhaus hochwachsen.

Galerie

In der letzten Zeit sind viele sehr interessante neue Arbeiten von Weidenbauern entstanden und z.T. große und komplizierte Weidenstrukturen errichtet worden.

Diese Entwicklung ist zum grössten Teil auf ein neu erwachtes Interesse an Weiden und am dekorativen Gartenbau zurückzuführen.

Bauten wie die hier gezeigten in öffentlichen Anlagen müssen robust und langlebig sein. Hier kommt es ganz besonders darauf an, dass die Verbindungen gut halten. Beim Pflanzen muss man mit besonderer Sorgfalt vorgehen, um einen guten Erfolg zu garantieren.

102 ▼
Dieses interessante Netzwerk von miteinander verbundenen Tunneln, Bögen und Zäunen im Earth Centre, Doncaster, England, zeigt das Potenzial, das in großzügig angelegten Weidenbauten auf öffentlichen Flächen steckt.

103 ▶
„Geteilter Bogen" von Jim Buchanan im Earth Centre, Doncaster, England. Der Bogen besteht aus zwei versetzt gepflanzten, geneigten Weidenwänden, die sich zu vereinigen scheinen, wenn man sie von weiter weg betrachtet.

104 ▲
Tierplastik von Stefan Jennings

105 ◄
Dieser Zaun im Earth Centre von Jim Buchanan bildet eine einfache aber wirkungsvolle Konstruktion aus gebogenen Weidenruten, die an beiden Enden in den Boden gesteckt wurden.

106 ◄
Teilansicht eines großflächigen Weidenbauwerks, das von Mathew Meers im Legoland von Windsor, England entworfen und errichtet wurde. Die senkrechten Stangen sind lebend, und wenn sie austreiben, werden sie das Tunneldach zusätzlich abschirmen und Schatten spenden.

107▲
„Goldene Glucke" von Clare Wilks auf der Surrey Docks Farm, London. Diese große lebende Skulptur hat im Inneren Sitzplätze zum Geschichtenerzählen und Spielen. Die „Federn" sind nichtlebend und an die Skulptur angeheftet.

108◄
Dieses einfache Baumhaus, das einem Ausguck auf einem Piratenschiff gleicht, wurde von Stephanie Bunn entworfen und in Hebden Bridge, Yorkshire, England errichtet. Das Haus wurde auf eine stark zurückgeschnittene Weide aufgeflochten, die weiterwachsen wird.

109►
Ein dekorativer bunter Flechtzaun von Stephanie Bunn. Die senkrechten Stangen sind lebend, während das Flechtwerk aus Rutenabschnitten besteht.

Schlussbetrachtung

Das Wichtigste bei der Arbeit mit Weiden ist, dass sie Spaß macht! Seien Sie kreativ und scheuen Sie nicht davor zurück, neue Ideen auszuprobieren. Seien Sie auch darauf gefasst, dass mal etwas schief geht, vielleicht haben Sie aber auch einige aufregende Erfolge! Versuchen Sie, Kletterpflanzen in die Bauten zu integrieren, und experimentieren Sie damit, nichtlebende Materialien hineinzuflechten. Passen Sie Ihre Entwürfe den Gegebenheiten an, verändern Sie sie, oder schneiden Sie sie ab, wenn sie Ihnen nicht gefallen!

Wenn Sie mit den Jahreszeiten und der Natur arbeiten, erzielen Sie die besten Resultate - manche Leute pflanzen sogar nach dem Mondkalender.

110.
Eine Laube aus lebender Weide mit Kletterrosen im Hochsommer - ein angenehmer Sitzplatz zum Entspannen.

In früheren Zeiten wurde das Laub der Weide als Viehfutter verwendet, und die Ruten zur Herstellung des Skeletts für leichte Boote. Heute werden aus Weide biologisch abbaubare Särge geflochten.

Fotonachweis

Alle Fotos, außer den nachfolgend Bezeichneten stammen von Jon Warnes.

Stephanie Bunn: Abb. 1, Abb. 6, Abb. 19, 21 und 22, Abb. 98 und 101.

English Hurdle, Taunton, Somerset: Abb. 47 und 110

Steve Pickup: Abb. 43 und 44

Search Press: Abb. 2 und 3 sowie die Abb. 25 bis 31

Windrush Willows, Witney, Oxfordshire: Abb. 39 und 105

Dank

Der Autor möchte für die tatkräftige Hilfe bei diesem Projekt danken:

Stefanie Bunn, Janet Allan, Hugh McAllister, Rod Parfitt, Steve Pickup, Jill Ragget und all den anderen, die so zahlreich sind, dass sie hier nicht namentlich erwähnt werden können.

Weiterhin dankt der Autor den Mitarbeitern der britischen Highway Agency und des Centre for Alternative Technology in Machynlleth, Wales, für ihre nützlichen Hinweise und Ratschläge.

Weiden"baum" – mehrere miteinander verwobene Weidenruten als Topfpflanze

Weitere Bücher im ökobuch Verlag

Margit Rusch
Anders gärtnern
Permakultur-Elemente im Hausgarten. Kräuterspirale, Krater- bzw. Hochbeet, Kartoffelturm, Wurmfarm oder Erdgewächshaus, bei allem dient die Natur als Vorbild. Mit vielen Anleitungen für einen Hausgarten, in dem die Bereiche harmonisch zusammenwirken u. sich gegenseitig fördern. 7. Aufl. 2018, 94 S. m.v. Abb., 13,95 €

Herbert und Astrid Gruber, Helmuth Santler
Neues Bauen mit Stroh in Europa
Bauen mit großformatigen Quadern aus gepreßtem Stroh: gebaute Beispiele, erprobte Bauformen und Konstruktionen, neue Projekte und Forschungen. 4. überarb. Aufl. 2012, 112 S. m. v.Abb., 14,95 €

Josef Chauffrey
Mein kleiner Permakultur-Garten
300 kg Ernte auf 150 qm Fläche mitten in der Stadt. Der Autor beschreibt detailliert und gut übertragbar auf andere kleine Gärten seine Erfahrungen mit der Rekultivierung eines Reihenhausgartens nach den Prinzipien der Permakultur.. 109 S. m.v. Abb., 17x24 cm, 1. Aufl. 2017 14,95 €

Thorsten Beimgraben, Hans-P. Ebert
Heizen mit Holz
Den richtigen Holzofen, Kamin oder Heizkessel kaufen oder nutzen: Günstiger Holzeinkauf, Zurichten des Waldholzes, Lagerung und Trocknung, Anforderungen an Feuerstelle und Schornstein, die Ofentypen und ihre Einsatzbereiche. 160 S. m.v.Abb., 16. Aufl. 2017 13,95 €

   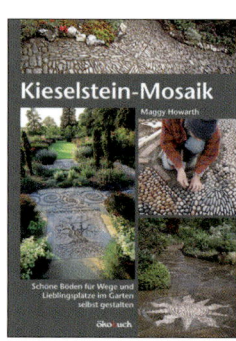 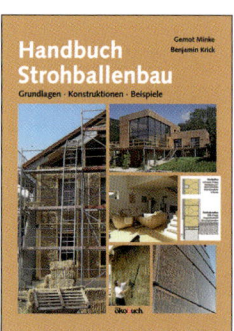

Gernot Minke, Benjamin Krick
Handbuch Strohballenbau
Ein Konstruktionshandbuch, das Konzeption, Bautechnik und Details beschreibt, um aus Strohballen gut gedämmte, dauerhafte Häuser zu bauen. m.viel. Beispiel. 3.Aufl. 2014, 142 S.m.v.farb. Abb., 29,95 €

Annelore und Susanne Bruns
Biogarten Handbuch
Anleitung zum naturgemäßen Gärtnern in Bildern. Hier wird das notwendige Wissen vermittelt, um erfolgreich den Boden zu bestellen und reichhaltig gesundes Obst und Gemüse zu ernten. 141 S. m.v. Abb., 17x24 cm, 4. Aufl. 2017 13,90 €

Annelore und Susanne Bruns
Werkbuch Biogarten
Anleitung zum handwerklichen Arbeiten in Bildern: Bau von Kompostbehältern u. Frühbeeten, Pflanzengerüsten, kleine lagerkeller, Kräuterspiralen, Vogelnistkästen u.v.m. 112 S. m.vielen Abb., 17x24 cm, 3. Aufl. 2012 12,90 €

Hans J.K. Flöel
Richtig Brennholz machen
Vom Fällen bis zum richtigen Feuern zeigt das Buch welche Holzarten, Arbeitstechniken und Werkzeuge am besten geeignet sind, um den Brennstoff für das Holzfeuer selbst auzubereiten. 77 S. m. vielen farb. Abb. 4. Aufl. 2012 10,95 €

Hermann F. Block
Wir pflanzen eine Laube
Der Autor beschreibt das Bauen mit lebenden Gehölzen und zeigt, wie man auch im Hausgarten eine lebende Laube mit stabilem Dach und Fensteröffnungen wachsen lässt. 2. Aufl. 2014, 101 S.m.v.Abb. 15,90 €

Walter Friedl
Bunte Körbe aus Gräsern und Kräutern
Die Technik des Korbwickelns neu entdeckt. Anleitung zur Herstellung von bunten Körben durch Wickeln und Vernähen von Strängen aus heimischen Pflanzen. Mit Schritt-für-Schritt-Anleitungen und Hinweisen auf geeignete Pflanzen. 2. Aufl. 2015, 90 S.m.v.farb. Abb.,geb. 17,95 €

David Stiles
Kleine Baumhäuser und Hütten
... kinderleicht gebaut. Das Buch zeigt, wie Baum- und Stelzenhäuser gebaut werden. Mit Anleitungen für verschiedene Konstruktionen und Bildern realisierter Beispiele. 93 S. mit v. Abb., 7. Aufl. 2016   12,95 €

Claudia Lorenz-Ladener, Hrsg.
Lauben und Hütten
Einfache Paradiese zum Selbstbauen. Bauanleitungen für einfache Behausungen (Tipi, Baumhaus, Kuppelbau etc.), sowie leicht zu errichtende Lauben für den Garten. Neuaufl. 2018, 158 S. m.v.Abb.,   17,95 €

Claudia Lorenz-Ladener, Hrsg.
Holzbacköfen im Garten
Detaillierte Bauanleitungen vom einfachen Lehmofen bis zum gemauerten Brotbackhäuschen. Mit vielen Erfahrungen und Ratschlägen sowie pfiffigen Tips u. Rezepten. 138 S.m.v.Abb., 19. Aufl. 2016   15,95 €

Daniel Mack
Möbel aus Wildholz
Wieviel Äste braucht ein Stuhl? Der Autor stellt moderne Wildholzmöbel vor, und zeigt anschaulich, wie Wildholz zu Möbeln zusammengefügt wird. 168 S. m.v.Abb., 6. Neuaufl. 2017, 17 x 24 cm geb.   16,95 €

    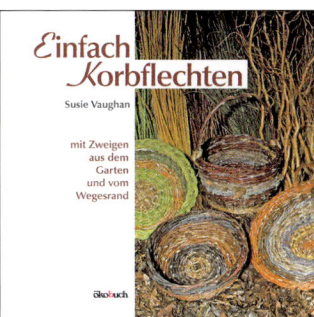

Dorit Berger
Färben mit Pflanzen
Färbepflanzen - Rezepte - Anwendung. Aufbereitung und Anwendung heimischer Färbepflanzen zum Färben von Wolle und Stoffen werden in zahlreichen Rezepten detailliert beschrieben. 3.Aufl. 2017, 96 S. m.v. farb. Abb. 17 x 24 cm, br.   12,95 €

Susie Vaughan
Einfach Korbflechten
Mit Ruten und Zweigen aus dem Garten oder der freien Natur geschmackvolle Körbe in interessanten Farben herstellen. Mit Schritt-für-Schritt-Anleitungen. 5. Aufl. 2014, 72 S. m.farb. Abb.,   13,90 €

Rolf Behringer, Michael Götz
Kochen mit der Sonne
... in Mitteleuropa. Beschreibung käuflicher Solarkocher sowie Bauanleitung für einen Solarofen. Mit Tipps aus der Praxis u. vielen erprobten Koch- u. Backrezepten. 87 S. m.v.farb. Abb., 2. Aufl. 2012   13,95 €

Claudia Lorenz Ladener, Hrsg.
Naturkeller
Grundlagen, Planung und Bau von naturgekühlten Lagerräumen im Haus oder Freiland, um für Obst und Gemüse geeignete Überwinterungsmöglichkeiten zu schaffen. 139 S. m.v.Abb., 15. Aufl. 2016   19,90 €

Preisstand: 1.4.2018 - Änderungen vorbehalten!

Louis Espinassous
Hütten von Kindern selbst gebaut
Das Buch zeigt, wie Kindern ohne großen Aufwand ihr eigenes kleines Reich erschaffen können, mit Baumaterialien, die fast alle draußen zu finden sind: Spielhäuschen, Kuppelbau, Schlupfwinkel, u.v.m. Ab 8 Jahre. 58 S. m. Abb., 21 x 21 cm, gebunden, 3. Aufl. 2014   13,95 €

Claudia Lorenz-Ladener
Trocken und Dörren mit der Sonne
Bau & Betrieb von Solartrocknern: Ein Buch für alle, die einen funktionstüchtigen Solartrockner kostengünstig selbst bauen möchten, um Obst, Gemüse und Kräuter natürlich und hochwertig haltbar zu machen; mit vielen praktischen Tipps 5. Aufl. 2015, 95 S. m.v. Abb.   13,95 €

Maggy Howarth
Kieselstein-Mosaik
Schöne Böden für Wege und Lieblingsplätze im Garten selbst gestalten. Anleitungen u. Gestaltungsvorschläge. 118 S., 5.Neuauf. 2016 13,95 €

... mehr interessante Bücher finden Sie in unserem Gesamtkatalog, den wir Ihnen gern kostenlos zusenden, oder auf unserer Webseite.

79216 Staufen · Postfach 1126 ☏ 07633-50613 Fax 07633-50870
Email: oekobuch@t-online.de · http://www.oekobuch.de/